AF525581
Dieses Buch gehört

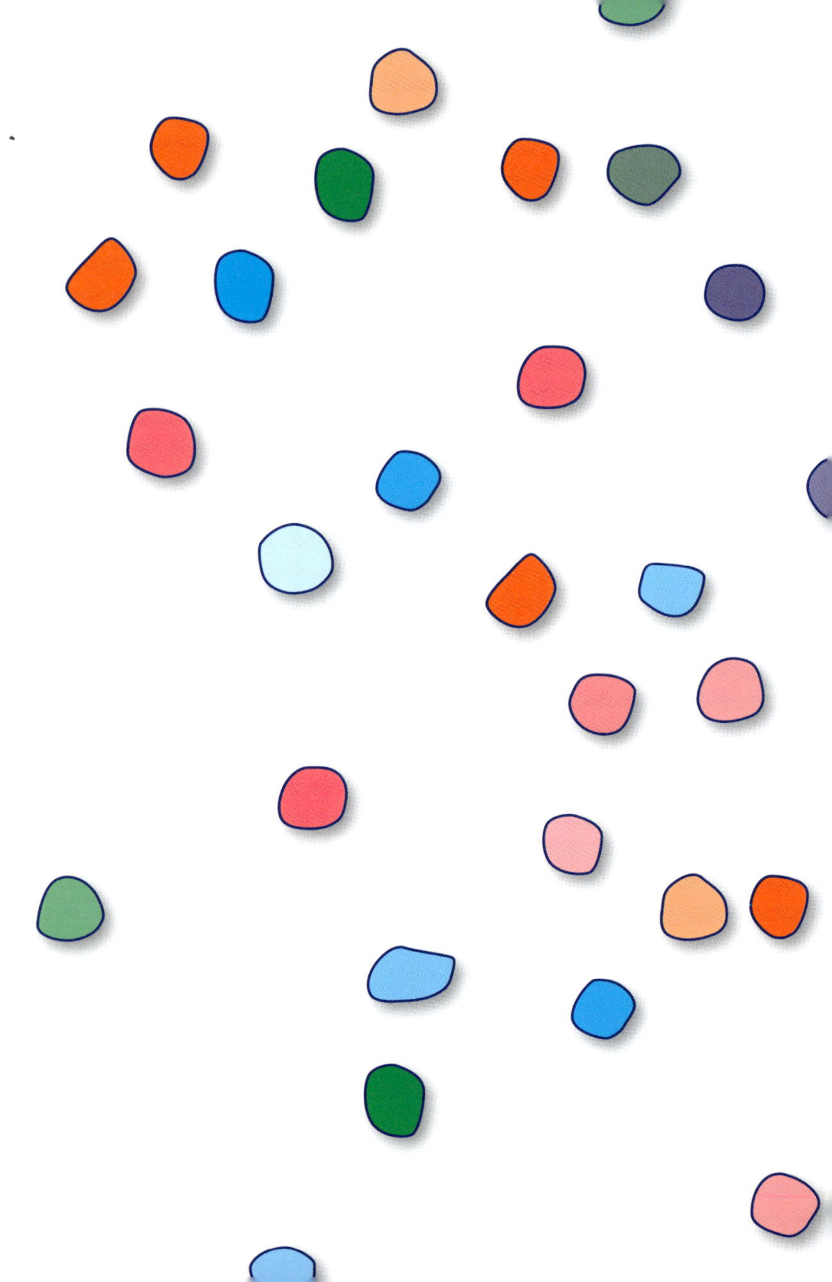

THOMAS LAUBACH

Verbunden mit dir

Gebete zur Erstkommunion

VERLAGSGRUPPE PATMOS

PATMOS
ESCHBACH
GRÜNEWALD
THORBECKE
SCHWABEN

Die Verlagsgruppe
mit Sinn für das Leben

MIX
Papier aus verantwortungsvollen Quellen
FSC® C006701

Für die Schwabenverlag AG ist Nachhaltigkeit ein wichtiger Maßstab ihres Handelns. Wir achten daher auf den Einsatz umweltschonender Ressourcen und Materialien. Dieses Buch wurde auf FSC®-zertifiziertem Papier gedruckt. FSC (Forest Stewardship Council®) ist eine nicht staatliche, gemeinnützige Organisation, die sich für eine ökologische und sozial verantwortliche Nutzung der Wälder unserer Erde einsetzt.

www.patmos.de

Umschlag- und Innengestaltung: Finken & Bumiller, Stuttgart

Umschlagfoto: Ulrich Peters

Fotos im Innenteil: Thomas Laubach

Druck: CPI-Ebner&Spiegel, Ulm

Hergestellt in Deutschland
ISBN 978-3-8436-0243-3

INHALT

Verbunden mit dir

Hallo, Du!

Du bist mit vielen Menschen verbunden wie mit einem Kletterseil, an dem sich Bergsteiger festmachen: mit deinen Eltern, Geschwistern, wenn du welche hast, deinen Großeltern, deinen Freunden in der Schule oder beim Sport. Ihr gehört zusammen.

Verbunden sein, das heißt, mit anderen zu reden: miteinander zu blödeln und Witze zu machen, eine Geschichte zu erzählen, ein Geheimnis zu teilen, ganz ernst zu werden. Genau so kannst du auch mit Gott reden – und bist dadurch mit ihm verbunden. Dafür brauchst du keine besondere Sprache und auch keine besonderen Worte. Du kannst mit Gott sprechen wie mit deinen Eltern und Freunden. Das Wort »beten« meint genau das. Denn auch im Gespräch mit Gott kannst du Witze machen, erzählen, was dich freut oder bedrückt. Manchmal fällt es allerdings schwer, eigene Worte zu finden. Dann kann dir dieses Gebetbuch mit seinen alten und neuen, seinen kurzen und langen Gebeten helfen. Es will dir Mut machen, mit Gott zu sprechen, dich mit Gott zu verbinden.

AM MORGEN UND ABEND

Beten kann heißen: morgens den Tag anschauen und sagen, worauf du dich freust und was dir vielleicht Angst macht. Und Beten kann auch heißen: abends zurückschauen, was der Tag gebracht hat, was gutgetan hat und was dir Sorgen macht.

Danke, Gott,
dass ich
aufgewacht bin.
Dass ich lebe.
Dass ich einen
neuen Tag
erleben darf.

Segne, Gott,
diesen Morgen.
Segne alles,
was heute kommt.
Segne mich,
damit ich selbst ein Segen
für andere sein kann.

Guter Gott,
der Morgen ist warm.
Die Vögel hüpfen über das Gras.
Die Pfützen glitzern im Sonnenlicht.
Eine Postkarte lag im Briefkasten.
Es ist schön, dass ich Freude habe an der Welt.
Und Freunde in der Welt.

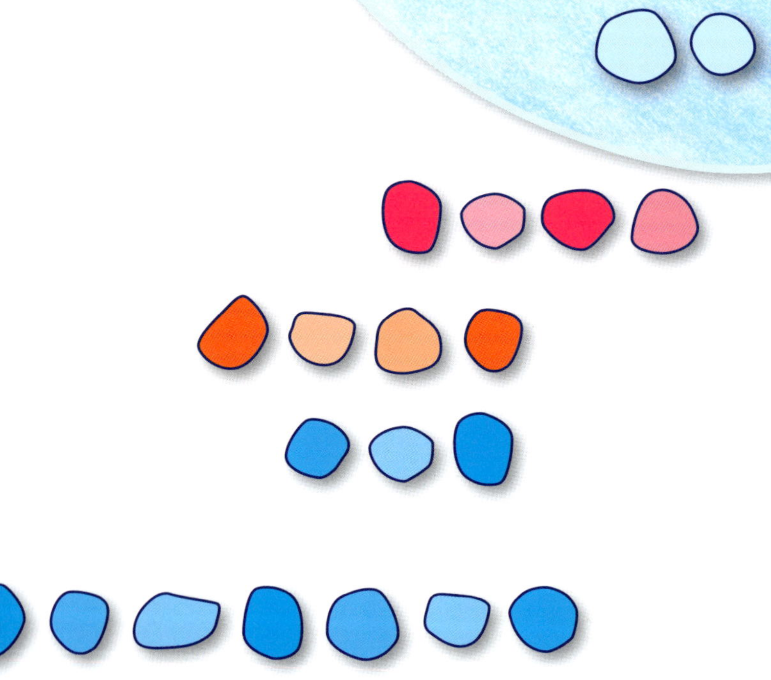

Gott,
mit deinen Augen
möchte ich die Welt sehen.
Ich möchte sehen können, was alles gut ist.
Und ich möchte
heute Abend sagen können:
Dieser Tag war sehr gut.
Danke, guter Gott.

Gott,
der Tag geht zu Ende.
Ich schaue zurück.
Mich bedrückt etwas:
Ich habe mich mit
meinem Freund gestritten.
Er hat mich beschimpft.
Ich hab ihn geschubst.
Aber wir haben so viel
miteinander erlebt.
Das soll nicht vorbei sein.
Hilf mir, dass ich wieder mit
ihm befreundet sein kann.
Ich will den ersten Schritt tun.
Amen.

Lieber Gott,
ich habe heute Abend
die Nachrichten gesehen.
Da sind Kinder,
denen geht es richtig schlecht.
Die haben fast nichts zum Spielen
und wenig zum Essen.
Mir geht es so gut.
Ich kann gar nicht begreifen,
dass es auf der Welt so ungerecht zugeht.
Das macht mich traurig und wütend.
Lässt sich denn gar nichts dagegen tun?

Der Abend kommt,
es wird Nacht.
Der Tag ist müde und legt sich schlafen.
Es ist noch lange bis zum nächsten Morgen.
Bleib du, Gott, bei mir.

Ganz egal,
wie dunkel diese Nacht wird.
Ganz egal,
ob ich Angst habe oder Sorgen.
Ganz egal, wie dunkel es in mir selbst ist.
Bleib du, Gott, bei mir.

Weck mich auf,
wenn der Morgen kommt –
und ein neuer Tag mit ganz viel Licht.

Du, Gott,
bist du mein Licht,
wenn alles um mich herum dunkel wird?

Ich stehe oft allein.
Ich weiß weder ein noch aus.
Egal, wohin ich gehe: Es ist alles falsch.
Ich fühle mich wie eingemauert.

Wie kann ich einen ersten Schritt tun?
Wie kann ich selbst Licht werden?
Licht für andere,
die sich genauso alleine fühlen?

Du, mein Gott,
ich hoffe auf dich.
Du bist das Licht,
der Weg,
das Ziel.
Ich hoffe auf dich,
wenn alles um mich herum dunkel wird.

(NACH PSALM 88)

Ich lege diesen Tag
in deine Hände, Gott.
Ich schlafe gleich ein.
Dann soll alles bei dir aufgehoben sein:
was ich heute erlebt habe,
was ich heute gedacht habe,
was ich heute getan habe.
Bei dir hat alles seinen Platz.
Danke.

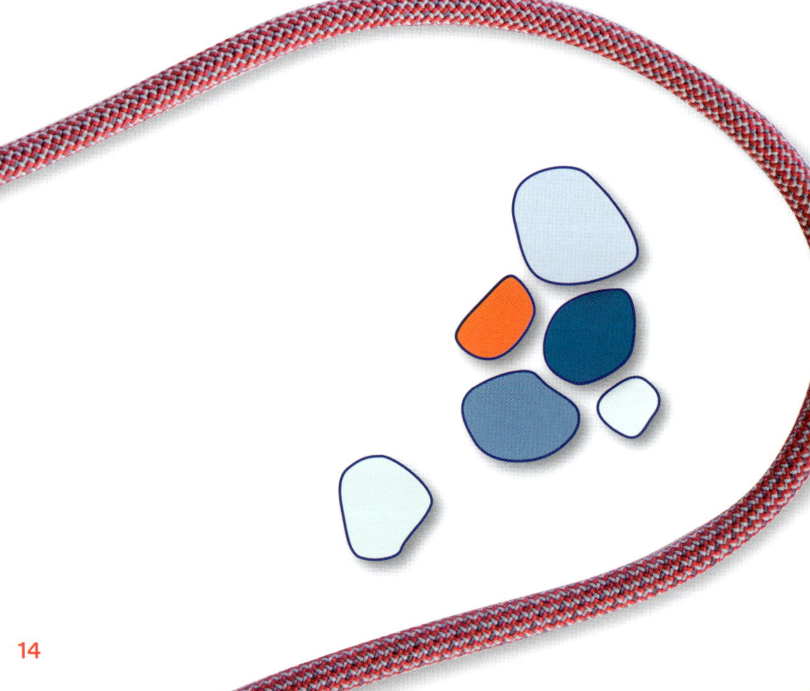

MEINE WELT

Beten heißt: mit Gott reden, Gott etwas erzählen. Mit Gott kannst du auf ganz verschiedene Weisen reden. Beten kann heißen: über etwas staunen. Beten kann heißen: um etwas bitten. Beten kann heißen: sich beklagen. Und beten kann auch heißen: etwas loben und auch zu danken – für alles, was ist.

Beten kann heißen, Gott um etwas zu bitten.
Für sich selbst – aber auch für andere.

Ich bin nicht allein auf der Welt.
Ich bin mit vielen Menschen verbunden:
mit meinen Eltern.
Mit meinen Großeltern.
Mit meinen Geschwistern.
Manchmal ist das richtig gut,
weil wir zusammen spielen,
weil wir etwas gemeinsam unternehmen.
Manchmal tut das weh,
weil es Streit gibt,
weil wir nicht miteinander reden.
Lieber Gott,
sei du auch bei mir
an jedem Tag.

Mannomann, Gott,
es ist zum Verzweifeln.
Meine Eltern streiten
sich die ganze Zeit.
Ich kapiere nicht,
warum.
Niemand redet mit mir.
Am liebsten würde ich
mich verkriechen.
Und auch du bist
nicht zu spüren.
Du bist so weit weg
wie der Mond.
Lass dich blicken!
Ich brauche dich!
Zeig dich endlich!
Amen.

Manchmal,
Gott,
da drohe ich abzustürzen.
Ich kann mich nicht mehr halten,
weil niemand zu mir hält.

Dann halte du mich fest.
Wie ein Kletterseil,
wie ein Stahlseil,
wie ein unzerreißbarer Seidenfaden.

Halte mich fest,
damit ich nicht falle.

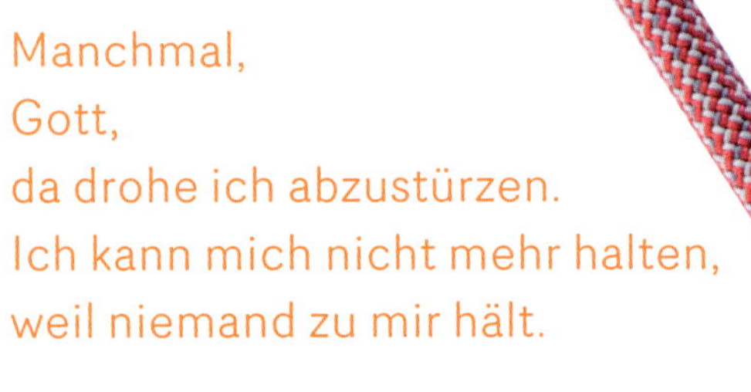

Du, Gott,
morgen steht etwas Wichtiges an.
Steh mir bei.
Begleite mich durch diesen Tag.
Glaube an mich,
damit ich auch an mich glauben kann.
Amen.

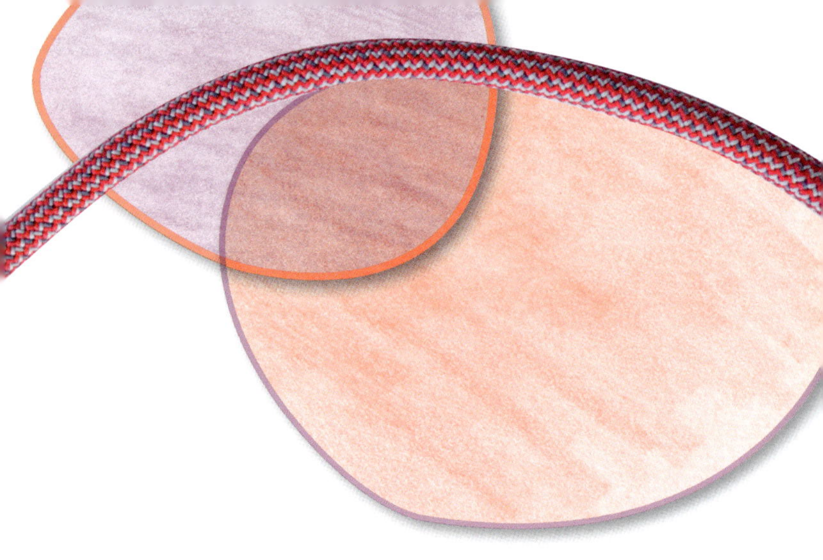

Lieber Gott,
ich weiß gerade nicht aus noch ein.
Ich bin verzweifelt.
Ich weiß nicht, wo mir der Kopf steht.
Alles dreht sich.
Hilf mir, zur Ruhe zu kommen.
Und dann wieder Kraft zu haben
für die nächsten Aufgaben.

Du, Gott,
ich bitte dich:
Lass es gute Ferien werden,
dass uns kein Unfall
auf der Fahrt passiert;
dass wir gutes Wetter haben;
und dass wir gesund und erholt
wiederkommen.
Amen.

Beten kann heißen, Gott zu loben. So wie dich die Eltern, Freunde, Lehrer loben, wenn dir etwas gelingt. Auch Gott ist vieles gelungen: die Welt, die Menschen – und nicht zuletzt auch du!

Du, Gott,
die Welt hast du toll gemacht.
Ich habe gesehen,
dass die Blaumeisen im Apfelbaum brüten.
Gestern sind die kleinen Vögel ausgeschlüpft.
Sie zwitschern.
Hoffentlich können sie bald fliegen.
Amen.

Lieber Gott,
manchmal habe ich das Gefühl:
Mich mag keiner.
Alle gucken mich komisch an.
Ich werde beschimpft.

Klar,
ich kann auch nicht jeden leiden.
Aber manchmal denke ich,
dass mich überhaupt niemand mag.

Du magst mich.
Das hoffe ich sehr.

Ich bin mit Gott verbunden,
weil ich ein Bild Gottes bin.
Das steht in der Bibel.
Ganz am Anfang.
Da wird erzählt, dass Gott alles macht:
Licht und Dunkel,
Tag und Nacht,
Sonne und Mond,
die Erde und die Sterne,
Tiere und Pflanzen.
Und dann den Menschen.
Das heißt doch:
Jeder Mensch ist von Gott gewollt.
Ich auch.
Das ist wunderbar!
Darauf will ich vertrauen.

Du, Gott,
bei dir darf ich sein,
wie ich bin.
Ich versuche deshalb auch,
andere so zu lassen,
wie sie sind.

Guter Gott,
leben kann ich nicht allein.
Meine Eltern haben mich geboren.
Sie haben mir zu essen gegeben
und mich versorgt.
Leben kann ich nicht allein.
Alleine Fußball spielen ist langweilig.
Alleine in die Schule laufen ist blöd.
Vieles im Leben geht nur mit anderen.
Zum Glück gibt es Freunde.
Sie sind ein Geschenk des Himmels.
Sie sind ein Geschenk von dir.
Das ist wunderbar.

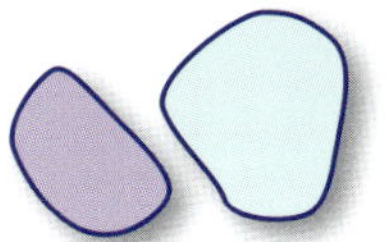

Ich bin verbunden mir dir,
Gott.
Wenn ich über einen Regenbogen staune,
wenn ich glücklich bin,
wenn ich das Meer rauschen höre,
wenn ich weinen muss,
wenn ich einen Menschen lachen sehe,
wenn ich ganz langsam
eine Scheibe frisches Brot esse,
wenn ich dem Wind zuhöre.
Denn alles weist auf dich hin.
Die ganze Erde erzählt von dir.
Ich bin verbunden mir dir.
Immer dort,
wo ich aufmerksam durch die Welt gehe.

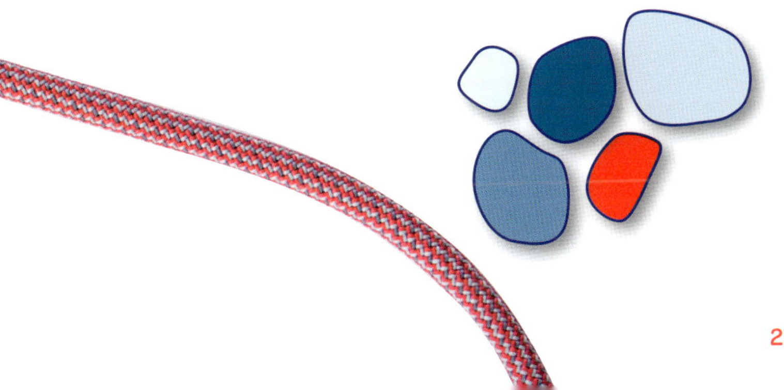

Beten kann auch heißen, Gott zu danken. Einfach Danke zu sagen für alles Gute auf der Welt.

Heute könnte ich die Welt umarmen!
Alles ist gut.
Die Sonne scheint.
Das ist ein Tag,
an dem alles Spaß macht.
Danke, Gott,
dass du mir diesen Tag schenkst!

Guter Gott,
mein Leben hat einen roten Faden:
dich.
Danke.

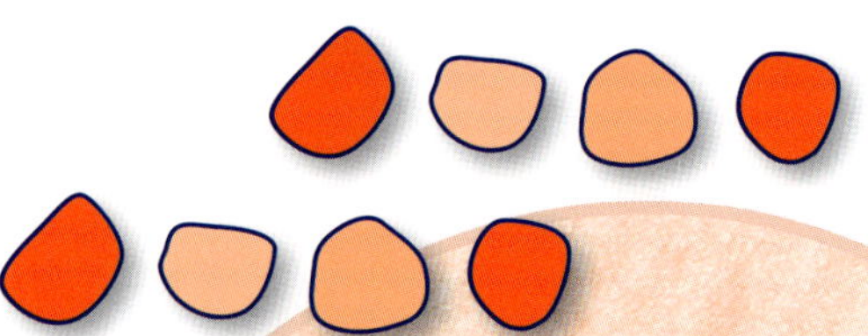

Auf der ganzen Welt gibt es Menschen,
die auch an Jesus glauben.
Und an Gott.
In Europa, Afrika und Asien,
in Amerika und in Australien.
Über zwei Milliarden Menschen.
Eine riesige Zahl.
Eine Zwei mit neun Nullen –
das sind viele Menschen.
Und ich bin einer davon!
Es tut gut zu wissen:
Ich bin nicht allein.
Danke dafür!

Ganz egal,
ob ich ein Junge bin
oder ein Mädchen.
Ganz egal,
ob ich viel weiß
oder wenig.
Ganz egal,
ob ich gut
Fußball spiele
oder lieber vor dem
Fernseher sitze:
Du, Gott, magst mich.
Darauf hoffe ich.
Und das tut mir gut.
Danke!

Ich hänge an vielen Dingen:
meinem Lieblings-T-Shirt,
dem neuen Fußball,
dem Handy.

Ich hänge an vielen Menschen:
meinen Freunden,
meinen Eltern,
meinem Lieblingslehrer.

Ich hänge am Leben.
Mein Herz schlägt für das Leben.
Danke, Gott,
dass ich Dinge und Menschen habe,
mit denen ich verbunden bin.

Wir feiern heute ein Fest.
Wir lachen und tanzen.
Wir spielen.
Wir singen.
Wir sind fröhlich.
Danke, Gott, dass wir feiern können.

Du, Gott,
es ist ein Wunder, dass es so viele Menschen gibt,
die uns das Leben leichter machen:
die Müllmänner und der Busfahrer,
die Nachbarn, die nach uns gucken,
und die Freunde in der Schule.
Amen.

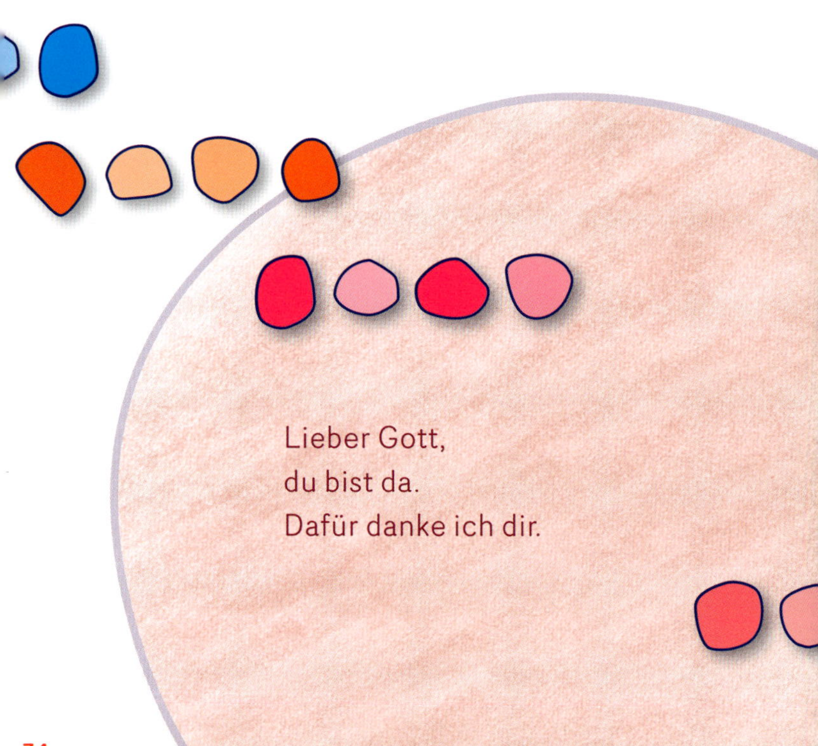

Lieber Gott,
du bist da.
Dafür danke ich dir.

GEMEINSAM BETEN

Manche Gebete kann man gemeinsam sprechen. Das verbindet die Menschen miteinander. Einige dieser Gebete sind schon sehr alt. Sie wurden vor hunderten, manche sogar vor tausenden von Jahren aufgeschrieben und werden bis heute gebetet, zum Beispiel im Gottesdienst. Auch du kannst diese Gebete sprechen.

Das Vaterunser stammt von Jesus selbst. Wenn du heute das Vaterunser betest, gehst du eine enge Verbindung mit Jesus ein.

Vater unser im Himmel,
geheiligt werde dein Name.
Dein Reich komme.
Dein Wille geschehe,
wie im Himmel, so auf Erden.
Unser tägliches Brot gib uns heute.
Und vergib uns unsere Schuld,
wie auch wir vergeben unsern Schuldigern.
Und führe uns nicht in Versuchung,
sondern erlöse uns von dem Bösen.
Denn dein ist das Reich und die Kraft
und die Herrlichkeit
in Ewigkeit.
Amen.

In ganz wenigen Sätzen fasst das Glaubensbekenntnis den christlichen Glauben zusammen.

Ich glaube an Gott, den Vater, den Allmächtigen,
den Schöpfer des Himmels und der Erde.
Und an Jesus Christus,
seinen eingeborenen Sohn, unsern Herrn,
empfangen durch den Heiligen Geist,
geboren von der Jungfrau Maria,
gelitten unter Pontius Pilatus,
gekreuzigt, gestorben und begraben,
hinabgestiegen in das Reich des Todes,
am dritten Tage auferstanden von den Toten,
aufgefahren in den Himmel;
er sitzt zur Rechten Gottes,
des allmächtigen Vaters;
von dort wird er kommen,
zu richten die Lebenden und die Toten.
Ich glaube an den Heiligen Geist,
die heilige katholische Kirche,
Gemeinschaft der Heiligen,
Vergebung der Sünden,
Auferstehung der Toten
und das ewige Leben.
Amen.

Du siehst mich an wie keiner,
du siehst mich, wie ich bin.
Du fängst in mir ganz neu an,
ich lebe auf.
Gott, du erbarmst dich aller,
wo keiner Erbarmen kennt.
Du schenkst mir neues Leben,
ich atme auf.

Und meine Seele singt
dir, Gott, meinem Retter,
singt dir, Gott,
ein Lied.

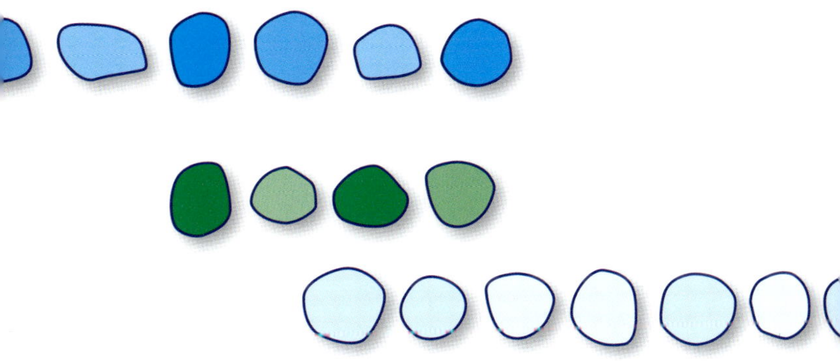

Du machst der Macht ein Ende.
Hochmut kommt vor dem Fall.
Du stärkst die Kleinen,
sie stehen auf.
Du lässt die Reichen leer ausgehen.
Sehnsucht wird bei dir satt.
Gott, du erbarmst dich aller,
hältst alle deine Versprechen.

Und meine Seele singt
dir, Gott, meinem Retter,
singt dir, Gott,
ein Lied.

(NACH LUKAS 1,46–55)

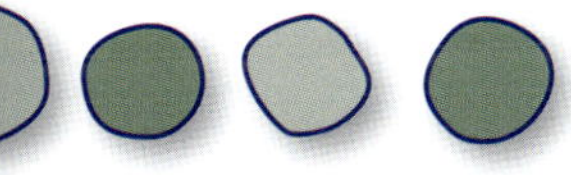

Meine Seele sehnt sich nach dir, Gott.

Vieles ist mir wichtig.
Aber tief drinnen weiß ich,
was zählt:
Freunde, Menschen, die mich lieben.
So wie du, Gott.
Das ist mir wichtig.

Meine Seele sehnt sich nach dir, Gott.

Von den Vögeln kann ich lernen,
was es heißt,
dass du für mich sorgst.
Sie bauen Nester für ihre Jungen.
So möchte ich mich auch geborgen fühlen.

Meine Seele sehnt sich nach dir, Gott.

(NACH PSALM 84)

Wenn mir niemand zur Seite steht,
wenn niemand mit mir spricht,
dann lass mich bei dir zu Hause sein, Gott.

Du lässt mich nicht stolpern,
selbst wenn ich müde bin.
Du schläfst nicht und bleibst mir nahe.
Du vergisst mich nicht, Gott.

Du behütest mich und verlässt mich nicht.
Du passt auf, dass mir niemand etwas antut.
Du bist bei mir, Tag und Nacht.

Ich kann jeden Tag auf deinen Schutz vertrauen.
Egal, wo ich hingehe oder wo ich herkomme:
Ich kann auf dich bauen, Gott.

(NACH PSALM 121)

Mit dir überspringe ich Mauern,
mit dir schwimme ich gegen den Strom,
mit dir wage ich einen Anfang,
mit dir mache ich mich auf den Weg.

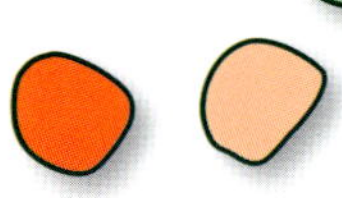

Du bist mein Rettungsboot.
Du lässt mich nicht los,
du bist mein letzter Halt.

Du vertreibst den Tod.
Du gibst mich nicht auf.
Du bist mein erster Schritt.

Mit dir überspringe ich Mauern,
mit dir schwimme ich gegen den Strom,
mit dir wage ich einen Anfang,
mit dir mache ich mich auf den Weg.

(NACH PSALM 18)

ESSEN UND TRINKEN

In allen Kulturen der Welt ist das Essen wichtig. Es ist mehr, als nur den Hunger zu stillen. Essen heißt, miteinander eine Verbindung einzugehen. Mit den Menschen – und mit Gott. Deshalb beten viele Menschen auf der ganzen Welt auch vor oder nach dem Essen.

Du, Gott,
trag uns auf Händen wie Brot,
trag uns wie kostbaren Wein.
So können wir selbst
Nahrung für andere sein.

Du bist das Brot,
das den Hunger stillt.
Du bist der Wein,
der die Krüge füllt.
Du bist das Leben,
Gott.

Wenn wir miteinander essen,
dann sind wir verbunden.
Wenn wir miteinander essen,
dann sind wir uns nahe.
Wenn wir miteinander essen,
dann leben wir
ein Stück vom Paradies.

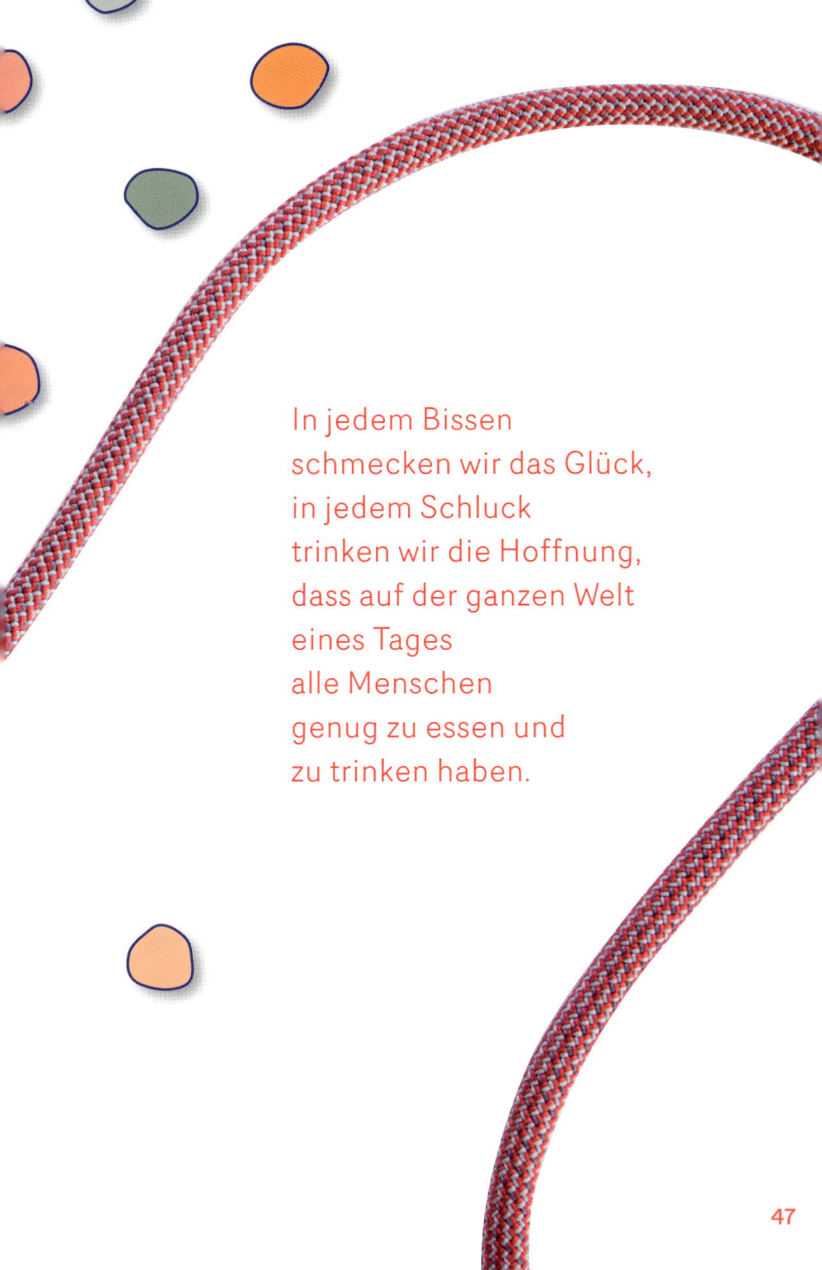

In jedem Bissen
schmecken wir das Glück,
in jedem Schluck
trinken wir die Hoffnung,
dass auf der ganzen Welt
eines Tages
alle Menschen
genug zu essen und
zu trinken haben.

Gott,
viele Menschen sorgen dafür,
dass wir heute gemeinsam essen können.
Dafür danken wir dir.

ABSCHIED NEHMEN UND SEGNEN

Menschen müssen Abschied nehmen: wenn das Fest vorbei ist, wenn jemand stirbt, wenn ein Tag zu Ende geht, wenn ein Schuljahr zu Ende ist. Beten heißt auch: im Abschied um den Segen Gottes bitten. Segen heißt: jemandem etwas Gutes sagen.

Gott,
segne alle Menschen,
alle Tiere,
alle Pflanzen.
Segne alles,
damit es leben kann.
Amen.

Gott sei vor dir,
dass du auf dem besten Weg bist,
Gott sei hinter dir,
um dich zu bewahren in der Not,
und Gott sei über dir,
um dich zu segnen.

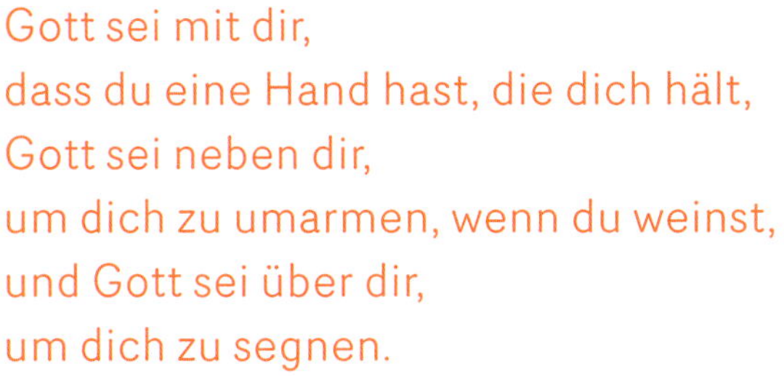

Gott sei mit dir,
dass du eine Hand hast, die dich hält,
Gott sei neben dir,
um dich zu umarmen, wenn du weinst,
und Gott sei über dir,
um dich zu segnen.

Gott sei bei dir,
um dich zu stärken jeden Tag,
Gott sei unter dir,
um dich aufzufangen, wenn du fällst,
und Gott sei über dir,
um dich zu segnen.

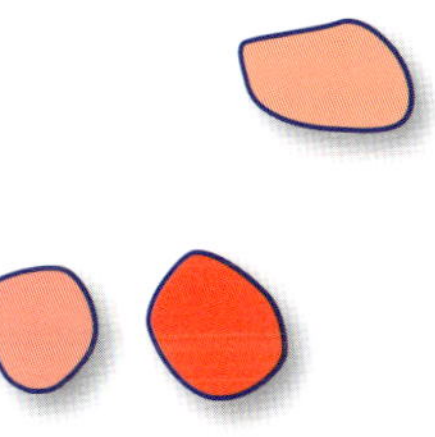

Gott ,
es ist ein Segen,
dass du immer wieder
einen Anfang machst.
Du stehst uns bei,
du stehst zu uns.
Gott, du bist ein Segen.

Gott ,
es ist ein Segen,
dass du unser Leben teilst.
Du stehst uns bei,
du stehst zu uns.
Gott, du bist ein Segen.

Du, Gott,
wir stehen unter deinem Schutz.
Du lässt uns nicht ins Leere laufen.
Du lässt uns nicht im Dunkeln hocken.
Du lässt uns nicht im Regen stehen.
Du lässt uns nicht so einfach hängen.
Du verlässt uns nicht.
Wir stehen unter deinem Schutz.

Gott,
segne mich
und alle Menschen,
mit denen ich lebe.
Amen.

Ich sorge mich nicht,
du sorgst dich um mich,
Gott.

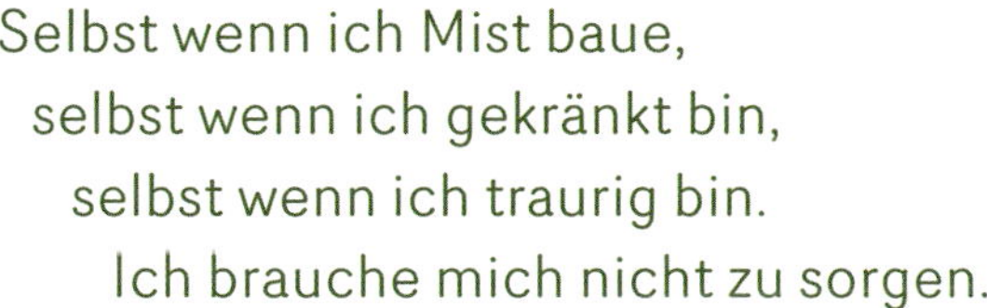

Selbst wenn ich Mist baue,
selbst wenn ich gekränkt bin,
selbst wenn ich traurig bin.
Ich brauche mich nicht zu sorgen.

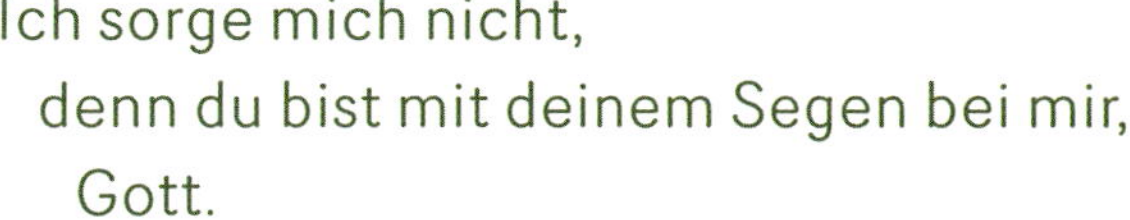

Ich sorge mich nicht,
denn du bist mit deinem Segen bei mir,
Gott.

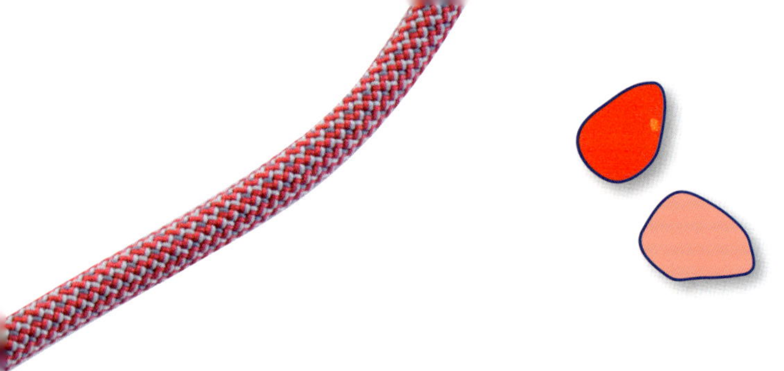

Wir müssen immer wieder Abschied nehmen:
nach einem Fest,
am Ende eines Tages,
immer, wenn etwas zu Ende geht.
Aber wir haben die Hoffnung,
die Jesus uns mitgegeben hat:
„Ich bin bei euch alle Tage
bis zum Ende der Welt.“